К. Д. БАЛЬМОНТЪ.

ФЕЙНЫЯ СКАЗКИ.

ДѢТСКІЯ ПѢСЕНКИ.

Книгоиздательство „Грифъ".
Москва.
1905.

МОСКВА.
Т—во „Печатня С. П. Яковлева". Петровка, Салтыковский пер., д. Т—ва, № 9.
1905.

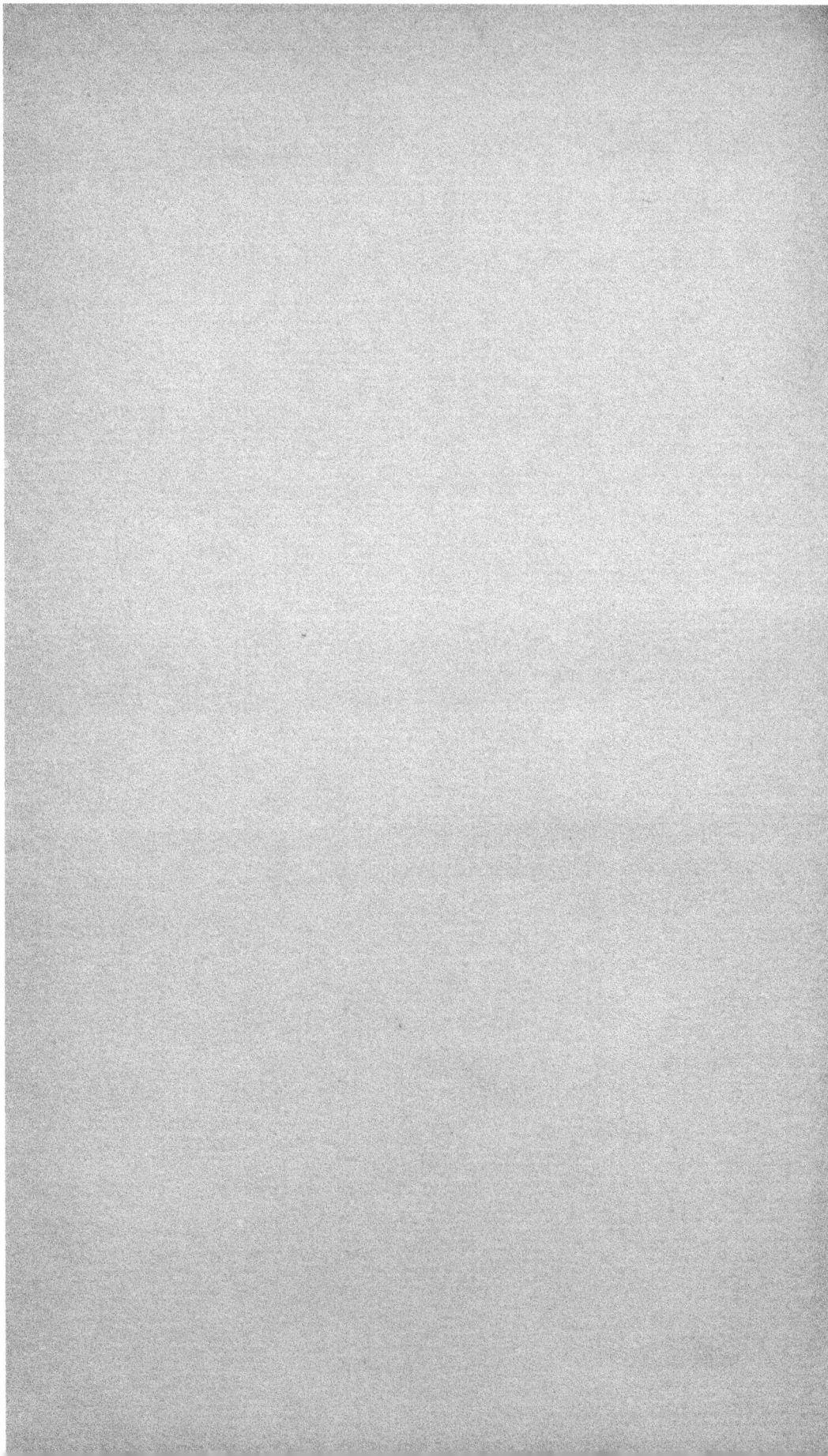

ПОСВЯЩЕНІЕ.

Солнечной Нинике, съ свѣтлыми глазками —
Этотъ букетикъ изъ тонкихъ былинокъ.
Ты позабавишься Фейными сказками,
Послѣ блеснешь мнѣ зелеными глазками, —
Въ нихъ не хочу я росинокъ.
Вечеръ далекъ, и до вечера встрѣтится
Много намъ, гномы, и страхи, и змѣи,
Чуръ, не пугаться, — а если засвѣтятся
Слезки, пожалуюсь Феѣ.

К. Бальмонтъ.

Sillamäggi, Estl.
1905. Sept. 7.

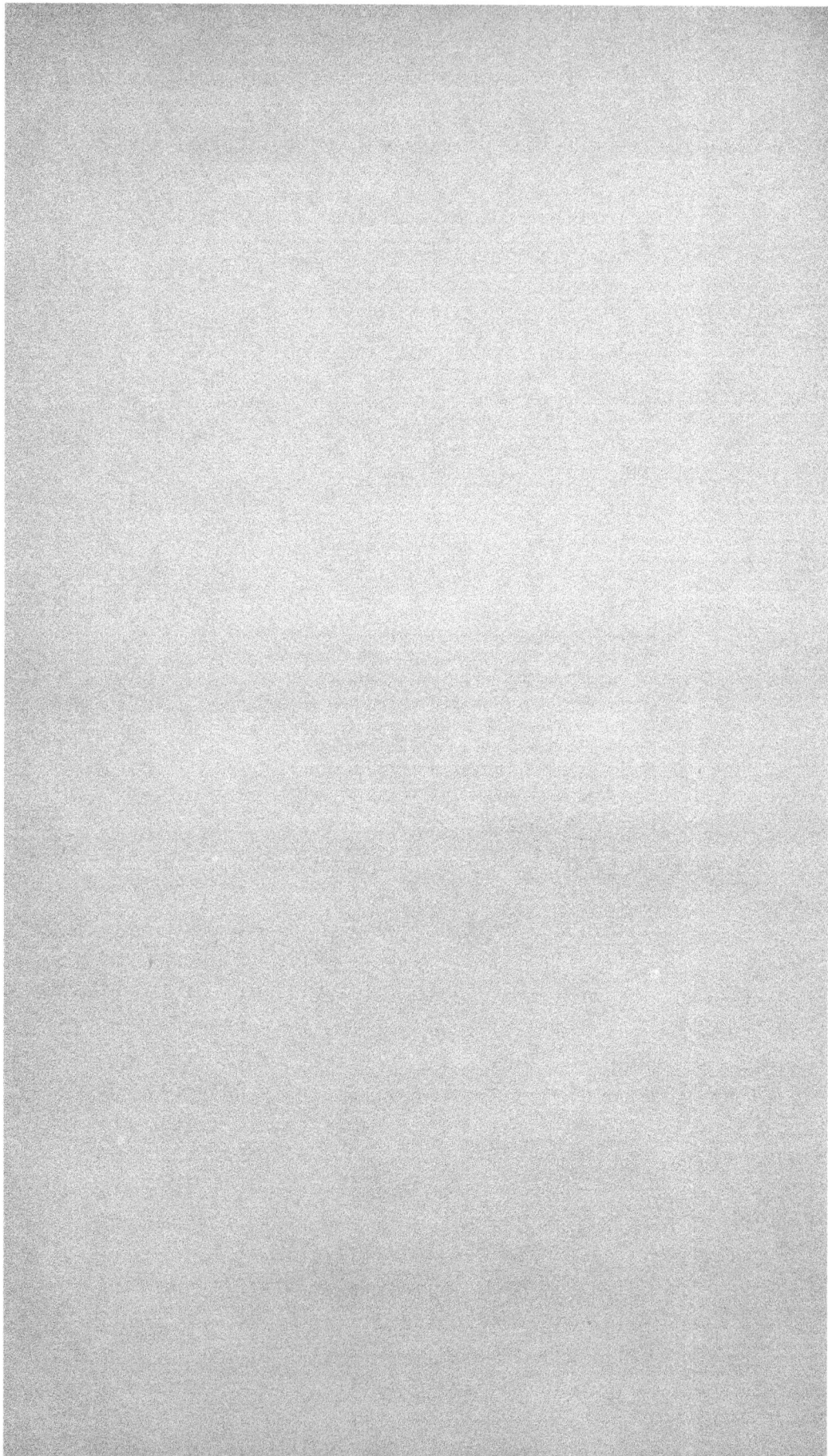

ФЕЯ.

НАРЯДЫ ФЕИ.

У Феи—глазки изумрудные,
Все на траву она глядитъ
У ней наряды дивно-чудные,
Опалъ, топазъ, и хризолитъ.

Есть жемчуга изъ свѣта луннаго,
Какихъ не видѣлъ взоръ ничей.
Есть поясокъ покроя струннаго
Изъ яркихъ солнечныхъ лучей.

Еще ей платье подвѣнечное
Далъ колокольчикъ полевой,
Сулилъ ей счастье безконечное,
Звонилъ въ цвѣтокъ свой голубой.

Росинка, съ грезой серебристою,
Зажглась алмазнымъ огонькомъ.
А ландышъ свѣчкою душистою
Горѣлъ на свадьбѣ съ Свѣтлякомъ.

ПРОГУЛКА ФЕИ.

Фея въ садъ гулять пошла,
Такъ нарядна и свѣтла,
Говоритъ съ цвѣтами,
Ей цвѣты: Будь съ нами.

Фея, будь, какъ мы, цвѣтокъ,
Развернись какъ лепестокъ.
Будь рябинкой дикой,
Или павиликой.

Будь анютинымъ глазкомъ,
Или синимъ василькомъ.
Иль еще, малюткой,
Синей незабудкой.

Прилетитъ на лепестокъ
Желтокрылый мотылекъ,
Хоботкомъ коснется,
Фея улыбнется.

Прилетитъ къ тебѣ пчела,
Прожужжитъ: не бойся зла,
Я лишь пыль сбираю,
Медъ приготовляю.

4

Покачнувъ на тынѣ хмѣль,
Прогудитъ мохнатый шмель:
Ну-ка поцѣлую
Фею молодую.

А когда придетъ закатъ,
Всѣ цвѣты проговорятъ:
Въ росахъ умываться,
Спать приготовляться.

Фея слушала цвѣты,
Фея нѣжила листы,
Но, сама причуда,
Прочь пошла оттуда.

Или я на мотылька
Промѣняю свѣтлячка?
Не хочу мѣняться,—
И давай смѣяться.

Скрылась въ замокъ подъ листкомъ,
Забавлялась съ Свѣтлякомъ.
Цвѣтикомъ не стала,
Звонко хохотала.

ФЕЯ ЗА ДѢЛОМЪ.

Къ Феѣ въ замокъ собрались
    Мошки и букашки.
Передъ этимъ напились
    Капелекъ съ ромашки.

И давай жужжать, галдѣть,
    Въ залѣ паутинной,
Точно выискали клѣть,
    А не замокъ чинный.

Стали жаловаться всѣ
    Съ самаго начала,
Что ромашка имъ въ росѣ
    Яду подмѣшала.

А потомъ на комара
    Жаловалась муха,
Говоритъ, молъ, я стара,
    Плакалась старуха.

Фея слушала ихъ вздоръ,
И сказала: Вѣрьте,
Мнѣ вашъ гамъ и этотъ соръ
Надоѣлъ до смерти.

И велѣла пауку,—
Вставъ съ воздушныхъ креселъ,—
Чтобы тотчасъ на суку
Сѣти онъ развѣсилъ.

И немедля сталъ паукъ
Вѣшать паутинки.
А она пошла на лугъ
Провѣрять росинки.

НАХОДКА ФЕИ.

Фея сдѣлала находку:
Листикъ плавать по водѣ.
Изъ листка построивъ лодку,
Фея плаваетъ вездѣ.

Подъ стѣной рѣчного срыва
Показался ей налимъ,
Онъ мелькнулъ предъ ней красиво,
И исчезъ, неуловимъ.

Дальше, больше. Дышутъ травы
Въ свѣтломъ зеркальцѣ рѣки.
Цѣлымъ островомъ—купавы,
Цѣлымъ лѣсомъ—тростники.

Ей тритоны удивлялись,
Проползая бережкомъ,
И, смѣшные, похвалялись
Ей оранжевымъ брюшкомъ.

Плавунцы въ водѣ чернѣли,
И пускали пузыри,
Обѣщались—въ самомъ дѣлѣ
Быть ей свитой до зари.

Все бы, все бы было складно,
Да внезапно съ вѣтеркомъ
Стало сумрачно, прохладно,
Громыхнулъ далекій громъ.

Лодку Феи вѣтеръ, вѣя,
Опрокинулъ,—не со зла,
Но однако жъ вправду Фея
Утонуть въ рѣкѣ могла.

Но она лишь усмѣхнулась,
Мигъ,—и въ замокъ, до грозы,
Фея весело вернулась
На спинѣ у стрекозы.

РѢШЕНІЕ ФЕИ.

Солнце жаворонку силу пѣть даетъ,
Онъ до Солнца долетаетъ и поетъ.
Птичка жаворонокъ—пѣвчимъ птичкамъ царь.
На совѣтѣ птицъ давно рѣшили, встарь.

Но рѣшенье птицъ не принялъ соловей,
Онъ съ обидой дожидается ночей.
И какъ только означается Луна,
Соловьиная баллада всѣмъ слышна.

Фея молвила: Чего же спорить имъ?
Ну и глупые съ рѣшеніемъ своимъ.
Послѣ утра есть вечерняя заря,
Въ днѣ и ночи пусть намъ будутъ два царя.

ЗАБАВЫ ФЕИ.

Пускала пузырики
Въ соломенку Фея.
Придворные лирики
Жужжали ей, рѣя:—
О, чудо-пузырики,
О, дивная Фея!

Пурцурные, синіе,
Нѣжнѣе, чѣмъ въ сказкѣ.
Какія въ нихъ линіи,
Какія въ нихъ краски!
Зеленые, синіе,
Какъ дѣтскіе глазки.

Но Феѣ наскучили
Жужжащія мошки.
Всегда вѣдь канючили
Они на дорожкѣ.
Забавы замучили
Ей ручки и ножки.

Соломенку Фейную
Отъ Феи убрали.
Постельку лилейную
Готовить ей стали.
И пѣснь тиховѣйную
Ей сны напѣвали.

ВѢТЕРОКЪ ФЕИ.

Въ сказкѣ фейной, тиховѣйной,
Легкій Майскій вѣтерокъ
Колыхнулъ цвѣтокъ лилейный
Нашепталъ мнѣ пѣнье строкъ.

И отъ Феи лунно-нѣжной
Бросилъ въ пѣсни мнѣ цвѣты,
И умчался въ міръ безбрежный,
Въ новой жаждѣ красоты.

А еще черезъ минутку
Возвратился съ гроздью розъ:
„Я ушелъ, но это въ шутку,
„Я тебѣ цвѣтовъ принесъ“.

ЧАРЫ ФЕИ.

Я шелъ въ лѣсу. Лѣсъ темный былъ
    Такъ странно зачарованъ.
И самъ кого-то я любилъ,
    И самъ я былъ взволнованъ.

Кто такъ разнѣжилъ облака,
    Они совсѣмъ жемчужны?
И почему ручью рѣка
    Поетъ: мы будемъ дружны?

И почему такъ ландышъ вдругъ
    Вздохнулъ, въ травѣ блѣднѣя?
И почему такъ нѣженъ лугъ?
    Ахъ, знаю! Это Фея.

ТРУДНО ФЕѢ.

„Фея“ шепнули сирени,
 „Фея“ призывъ былъ стрижа,
„Фея“ шепнули сквозь тѣни
 Ландыши, очи смежа.

„Фея“, сквозя изумрудно,
 Травки промолвила нить.
Фея вздохнула: Какъ трудно!
 Всѣхъ-то должна я любить.

БЕЗПОРЯДКИ У ФЕИ.

Сегодня майскіе жуки
Не въ мѣру были громки.
И позабыли червяки
Мнѣ освѣтить потемки.

Пошла бранить я Свѣтляка,
Чтобъ не давать поблажки.
Споткнулась вдругъ у стебелька
Ромашки или кашки.

И вотъ лежу я и гляжу,
Кто черный тамъ крадется.
Никакъ ума не приложу,
А сердце бьется, бьется.

И молвилъ кто-то грубо такъ:
„Послушай-ка, гляднтка".
Тутъ лампочку зажегъ Свѣтлякъ,
И вижу я—улитка.

Ползетъ, разставила рога,
Вся мокрая такая.
„Ступай“, сказалъ Свѣтлякъ, „въ луга“,
Слегка ее толкая.

А я ему: „Вина твоя!
„Гдѣ былъ? Въ гостяхъ у мухи?“
И въ эту ночь заснула я
Совсѣмъ—совсѣмъ не въ духѣ.

ФЕЯ ВЪ ГНѢВѢ.

Фея въ печку поглядѣла.
Пламя искрилось и рдѣло.
Уголечки отъ осины
Были ярки какъ рубины.
　И сказала Фея: Если,
　Здѣсь, предъ пламенемъ горящимъ,
　Я сижу въ узорномъ креслѣ,
　И довольна настоящимъ,—
　　Вѣчно ль буду я довольна,
　　Или кратокъ будетъ срокъ.
　　И вскричала тотчасъ: Больно!—
　　Палъ ей въ ноги уголекъ.

Фея очень разсердилась.
Кресло быстро откатилось.
Сыскавъ въ углу сандала,
Фея ножку врачевала.
　И, разгнѣвавшись на печку,
　Призываетъ Фея гнома.
　Приказала человѣчку
　Дѣлать что̀ ему знакомо.
　　Тотъ скорѣе сыпать сажи,
　　Все погасло въ быстрый срокъ.
　　Такъ темно, что страшно даже.
　　Былъ наказанъ уголекъ!

ФЕЙНАЯ ВОЙНА.

Царь муравейный
Съ свитою фейной
Вздумалъ войну воевать.
Всѣхъ онъ букашекъ,
Съ кашекъ, съ ромашекъ,
Хочетъ теперь убивать.

Фея вздыхаетъ,
Фея не знаетъ,
Какъ же теперь поступить.
Въ Феѣ все нѣжно.
Все безмятежно,
Страшное слово—убить.

Но на защиту
Легкую свиту
Фея скорѣй созывать.
Міръ комариный,
Царь муравьиный
Выслалъ опасную рать.

Мошки жужжали,
И верезжали
Тонкимъ своимъ голоскомъ.
О, муравейникъ,
Это—репейникъ
Тамъ, гдѣ все гладко кругомъ.

Съ войскомъ мушинымъ
Шелъ по долинамъ
Въ пламени грозномъ Свѣтлякъ.
Каждый толкачикъ
Прыгалъ какъ мячикъ.
Каждый толкачикъ былъ врагъ.

Врагъ муравейный
Выстрѣлъ ружейный
Дѣлалъ, тряся хоботкомъ.
Путь съ колеями,
Весь съ муравьями,
Былъ какъ траншеи кругомъ.

Небо затмилось,
Солнце укрылось,
Въ тучѣ сталъ громъ грохотать.
Каждая сила
Прочь отступила,
Вспугнута каждая рать.

Стягъ муравьиный
Листъ былъ рябины,
Онъ совершенно промокъ.
Знаменемъ Феи
Цвѣтъ былъ лилеи,
Весь его смялъ вѣтерокъ.

Споръ тотъ жестокій
Тьмой черноокой
Конченъ былъ прямо ни въ чью.
Выяснимъ, право,
Мошкамъ ли слава,
Слава ль въ войнѣ Муравью.

ВОЛКЪ ФЕИ.

Странный Волкъ у этой Феи.
Я спросилъ его: Ты злой?—
Онъ лизнулъ цвѣтокъ лилеи,
И мотнулъ мнѣ головой.

Это прежде, молъ, случалось,
Въ старинѣ былыхъ годовъ.
Злость моя тогда встрѣчалась
Съ Красной Шапочкой лѣсовъ.

Но, когда Охотникъ рьяный
Распоролъ мнѣ мой животъ,
Вдругъ исчезли всѣ обманы,
Все пошло наоборотъ.

Сталъ я кроткій, сталъ я мирный,
Здѣсь при Феѣ состою,
На балахъ, подъ рокотъ лирный,
Подвываю и пою.

Въ животѣ же, плотно сшитомъ,
Не убитые теперь.
Я кормлюсь травой и житомъ,
Я хоть Волкъ, но я не звѣрь. —

Такъ прошамкалъ Волкъ мнѣ сѣрый,
И въ амбаръ съ овсомъ залѣзъ. —
Я жъ, дивясь ему безъ мѣры,
Поскорѣй въ дремучій лѣсъ.

Можетъ тамъ другой найдется
Сѣрый Волкъ, и злющій Волкъ.
Порохъ праздника дождется,
И курокъ ружейный — щелкъ.

А ужъ этотъ Волкъ, лидейный,
Лирный, мирный, и съ овсомъ,
Пусть онъ будетъ въ сказкѣ фейной
И на ты съ дворовымъ псомъ.

ФЕЯ И БРОНЗОВКА.

Бронзовка жукъ изумрудный,
Очень пріятный для взгляда.
Въ дружбѣ онъ жилъ обоюдной
Съ Феей волшебнаго сада.

Вмѣстѣ по дикой рябинкѣ
Въ часъ проходили урочный.
Вмѣстѣ вкушали росинки,
Съ пылью мѣшая цвѣточной.

Вмѣстѣ дождались расцвѣта
Яркаго пышнаго Мая.
И съ наступленіемъ Лѣта
Скрылись изъ этого края.

ФЕЯ И СНѢЖИНКИ.

Катаясь на конькахъ,
На льду скользила Фея.
Снѣжинки, тихо рѣя,
Рождались въ облакахъ.
Родились—и скорѣй,
Сюда, скорѣй, скорѣе.
Изъ міра снѣжныхъ фей
Къ земной скользящей Феѣ.

ТРИ ПЕСЧИНКИ.

„Что можно сдѣлать изъ трехъ песчинокъ?"
Сказала какъ-то мнѣ Фея водъ.
Я далъ букетикъ ей изъ былинокъ,
И въ трехъ песчинкахъ ей далъ отчетъ.

Одну песчинку я брошу въ Море,
Ей будетъ любо тамъ въ глубинѣ.
Другая будетъ въ твоемъ уборѣ,
А третья будетъ на память мнѣ.

ШЕЛКОВИНКА.

Изъ тонкой шелковинки я ниточку пряду.
По тонкой шелковинкѣ тебя я поведу.
Кусочекъ перламутра—лампадочка моя.
Въ жемчужные покои войдемъ мы, ты и я.

Я тамъ тебѣ открою атласную кровать,
И бабочки намъ будутъ воздушно танцовать.
И тонко такъ, хрустально, подобные ручью,
Намъ часики смѣшные споютъ: „Баю-баю".

ДѢТСКІЙ МІРЪ.

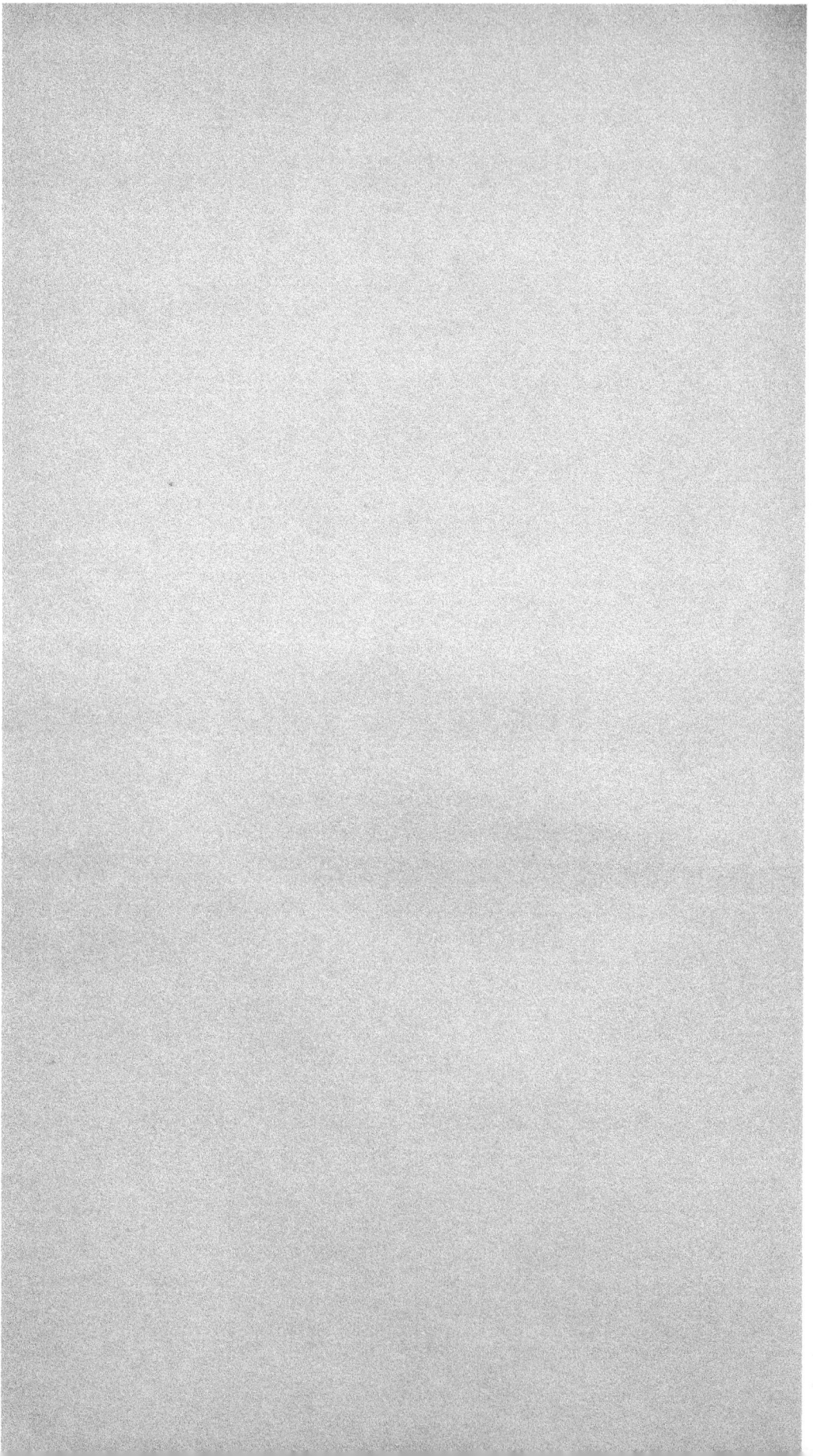

ДѢТСКІЙ МІРЪ.

Бѣлки, зайки, мышки, крыски,
Землеройки, и кроты,
Какъ вы вновь мнѣ стали близки.
Снова дѣтскіе цвѣты.

Незабудки расцвѣтаютъ,
Маргаритки щурятъ глазъ,
Подорожники мечтаютъ—
Вотъ роса зажжетъ алмазъ.

Вплоть до самой малой мошки,
Близокъ сталъ мнѣ міръ живыхъ,
И змѣистыя дорожки
Повели къ кустамъ мой стихъ.

А въ кустахъ, гдѣ все такъ дико,
Притаился хмурый ежъ.
Вонъ краснѣетъ земляника,
Сколько ягодъ здѣсь найдешь.

Всѣ цвѣты на зовъ отвѣтятъ,
Развернувъ свои листки.
А въ ночахъ твой путь освѣтятъ
Между травокъ свѣтляки.

УТРО.

Дѣточка, птичка моя,
Дверку открой.
Это я,
Мальчикъ твой.
Ты котенкомъ меня назвала,
Ты сказала мнѣ—мальчикъ, поэтъ.
Ты причудливой съ первыхъ мгновеній была,
И ко мнѣ возвратилось младенчество лѣтъ.
Я принесъ тебѣ свѣжіе маки съ росой,
Зацѣлую тебя, свѣтлоглазка моя.
Ну, скорѣй же, открой,
Это я.

У ЧУДИЩЪ.

Я былъ въ избушкѣ на курьихъ ножкахъ.
Тамъ все какъ прежде. Сидитъ Яга.
Пищали мыши, и рылись въ крошкахъ.
Старуха злая была строга.

Но я былъ въ шапкѣ, былъ въ невидимкѣ.
Стянулъ у Старой двѣ нитки бусъ.
Разгнѣвалъ Вѣдьму, и скрылся въ дымкѣ.
И вотъ со смѣхомъ кручу свой усъ.

Пойду пожалуй теперь къ Кощею.
Найду для пѣсенъ тамъ жемчуговъ.
До самой пасти приближусь къ Змѣю.
Узнаю тайны—и былъ таковъ.

СКАЗОЧКИ.

Помнишь, миленькій дружокъ,
Помнишь, дѣточка моя:
„Пѣтушокъ, да пѣтушокъ,
„Золотой онъ гребешокъ“,
      Сказку сказывалъ я.

Засмѣялась ты въ отвѣтъ,
Засмѣялась: „Ха, ха, ха!
„Вотъ какой смѣшной поэтъ!
„Не хочу я, нѣтъ, нѣтъ, нѣтъ,
      Говорить про пѣтуха“.

Я про козлика тогда
Началъ сказку говорить,
И журчала намъ вода,
Если бъ, если бъ намъ всегда
      Въ этихъ сказочкахъ быть!

ЗАИНЬКА.

Заинька бѣленькій хвостикомъ моргалъ,
Заинька въ садикѣ вкуснаго искалъ.
Заиньку въ садикѣ садовникъ увидалъ,
Выстрѣлилъ въ заиньку, выстрѣлъ не попалъ.

Заинька прочь ушелъ, пошелъ онъ въ огородъ,
Въ грядкахъ капустныхъ сталъ сильный недочетъ.
Заиньку отдали амкѣ подъ надзоръ,
Амкаетъ амка, но зайка ловкій воръ.

Заиньку бѣлаго вьюга бережетъ,
Заиньку полночь въ обиду не даетъ.
Заиньку бѣлаго ежели убьютъ,
Что же намъ пѣсенки веселыя споютъ!

КОШКИНЪ ДОМЪ.

Мышка спичками играла,
Загорѣлся кошкинъ домъ.
Нѣтъ, давай начну сначала,
Мышка спичками играла,
Передъ Васькой, предъ котомъ.

Промяукнулъ онъ на мышку, —
А она ему: „Кисъ-кисъ“.
„Нѣтъ“, сказалъ онъ, „это—лишку“,
И за хвостикъ хвать плутишку,
Вдругъ усы его зажглись.

Котъ мяукать, котъ метаться,
Загорѣлся кошкинъ домъ.
Тутъ бы кошкѣ догадаться,
А она давай считаться,
Все поставила вверхъ дномъ.

Погубила ревность злая,
Кошкинъ домъ сгорѣлъ до тла.
„Этой мышкѣ помогла я“,
Спичка молвила, пылая.—
Мышка до сихъ поръ цѣла.

ДѢТСКАЯ ПѢСЕНКА.

Одуванчикъ вздумалъ взять
    Замужъ маргаритку.
А червякъ, чтобъ не отстать,
    Замужъ взялъ улитку.

И ликуютъ два цвѣтка,
    Счастливы другъ другомъ.
И улитка червяка
    Назвала супругомъ.

Но мгновенно улетѣлъ
    Одуванчикъ бѣлый.
Маргариткѣ былъ удѣлъ
    Стать вдовой несмѣлой.

А съ улиткой каблукомъ
    Вмигъ была расправа.
Что же стало съ червякомъ,
    Я не знаю, право.

ГЛУПЕНЬКАЯ СКАЗКА.

Курочки-хохлаточки
По дворику ходили.
Улиточки-рогаточки
По травкамъ слѣдъ водили.

Черненькая бархатка
Въ платьицѣ запала.
Черненькая бархатка
Въ складочкахъ пропала.

Дѣточка закрыла
Усталые глазки.
Дышитъ—и не слышитъ
Глупенькой сказки.

ТРЯСОГУЗКА.

Трясогузка, возлѣ лужи,
Хвостъ тряся исподтишка,
Говорила: „Почему же
„Всѣмъ стихи,—мнѣ нѣтъ стишка?

„Я ли бѣгаю не прытко?
„Я ли мошекъ не люблю?
„Иль стихамъ нужна улитка?
„Вотъ ужъ гадость. Не терплю“.

Трясогузка, чудо-птица,
Ты милѣй мнѣ яркихъ звѣздъ.
Ты... Но скрылась баловница,
Повернувъ свой быстрый хвостъ.

СМѢШНОЙ СТАРИКЪ.

Вотъ какой смѣшной старикъ,
    Школьный дядька нашъ.
Далъ намъ много скучныхъ книгъ,
Но забылъ смѣшной старикъ
    Дать цвѣточныхъ чашъ.

Вотъ мы книги въ тотъ же мигъ,—
    Разъ, и пополамъ.
Тутъ поднялся смѣхъ и крикъ,
Позабытъ смѣшной старикъ,
    Въ садъ скорѣй, къ цвѣтамъ.

Книги пусть читаетъ онъ,
    У него очки.
Онъ такъ старъ и такъ ученъ,
Намъ пріятнѣй видѣть кленъ,
    Хмѣль, и васильки.

Книги пусть читаетъ онъ,
    И сидитъ въ шкафахъ.
Мы же любимъ небосклонъ,
Вольныхъ смѣховъ свѣтлый звонъ,
    Садъ въ живыхъ цвѣтахъ.

ГНОМЫ.

На лугу большія кучи
Свѣже-вырытой земли.
Лѣто. Жарко. Полдень жгучій.
Дымъ стоитъ вдали.

Кто здѣсь рылся? Можетъ, гномы,
Всей смѣшной толпой своей,
Строятъ нижніе хоромы
Для своихъ царей?

Города во тьмѣ возводятъ,
Строятъ замки подъ землей,
И, уродливые, ходятъ
Подъ моей ногой?

Зажигаютъ вырѣзныя
Лампы въ царствѣ темноты?
Нѣтъ, ошибся. То—слѣпые
Черные кроты.

РУСАЛОЧКА.

Русалка съ звонкимъ хохоткомъ,
    Такимъ хрустально-чистымъ,
И въ этомъ воздухѣ ночномъ,
    Такъ лунно серебристомъ,

Меня звала, и мнѣ плела
    Такія небылицы,
Моя разумность вдругъ прошла,
    И сталъ я легче птицы.

И въ воду, прямо въ воду къ ней,—
    Удержатъ ли обрывы!
Но горе храбрости моей,
    Русалочки смѣшливы.

Я захлебнулся, чуть дышу,
    Они меня щекочутъ,
Какъ лягушонокъ, я пляшу,
    А имъ-то что, хохочутъ.

И надавали мнѣ шлепковъ,
    Такихъ, сказать обидно.
Мелькнулъ ихъ рой, и былъ таковъ.
    Я мокрый! Какъ мнѣ стыдно!

ЗА ГРИБАМИ.

Вотъ мы дружною семьей—
    За грибами, въ лѣсъ.
Я да онъ, да ты со мной,
    Старый лѣсъ воскресъ.

Былъ онъ тихій—темный боръ,
    Пасмурно глядѣлъ.
А какъ нашъ раздался хоръ,
    Весь онъ загудѣлъ.

Закрутился теноръ твой,
    Загремѣлъ мой басъ,
Нашъ товарищъ фистулой
    Подбодряетъ насъ.

Бѣлка слушала въ соснѣ,
    И съ размаху—прыгъ.
Тамъ сорока въ вышинѣ
    Подняла свой крикъ.

Можжевельникъ зашуршалъ,
    Вонъ, тамъ чей-то глазъ.
Это Лѣшiй побѣжалъ,
    Испугавшись насъ.

Ну, товарищи, впередъ,
    Вразсыпную вдругъ.
Тотъ, кто первый—грибъ найдетъ,
    Онъ мой лучшiй другъ.

Только, братцы, примѣчай,
    Вотъ вамъ уговоръ:
Чтобы этотъ грибъ, пускай,
    Былъ не мухоморъ.

КОЛЫБЕЛЬНАЯ ПѢСНЯ.

Дѣтка, хочешь видѣть Рай?
Все забудь и засыпай.
Лишь храни мечту свою,
Баю-баюшки-баю.

Ты устала, отдохни,
Въ Небѣ свѣтятся огни.
И лампадка говоритъ:
Спи, малютка, Небо спитъ.

Баю-баю-баю-бай,
Потихоньку засыпай.
Что увидишь ты во снѣ,
Разскажи по-утру мнѣ.

Ты увидишь свѣтлый Рай,
Въ немъ цвѣты себѣ сбирай.
Будемъ вмѣстѣ мы въ Раю,
Баю-баюшки-баю.

ИСПАНСКІЯ КОЛЫБЕЛЬНЫЯ ПѢСЕНКИ.

1.

Засыпаетъ роза,
Вся въ росѣ блестя,
Наступаетъ вечеръ,
Спи, мое дитя.

2.

Спи, мое дитятко малое,
Нѣжу я дѣтку мою,
Вотъ колыбель закачалася,
Баюшки-баю-баю.

3.

Предъ дверью, что въ Рай ведетъ,
Продаютъ башмачоночки,
Для маленькихъ ангеловъ,
Которые босы.

4.

Спи, мое дитятко, спи,
Нѣтъ твоей матери дома,
Пречистая Дѣва Марія
Взяла ее въ домъ свой служить.

5.

Спи, моя дѣточка,
Ты, незамѣтная,
Спи, моя звѣздочка,
Спи, предразсвѣтная.

РАКОВИНКИ.

Раковинки, камешки, игрушки,
Сказки-травки въ зеркалѣ рѣки.
Жилъ Старикъ и говоритъ Старушкѣ:—
Мы съ тобой зачахнемъ отъ тоски.

Говоритъ Старушка: Что же, Старый,
Создавай ты Море для людей.
Я создамъ ручьи, лѣсныя чары,
Жить тогда намъ будетъ веселѣй.

Люди кораблей себѣ настроятъ,
Будутъ пѣть, браниться, и кричать.
Если жь мысли ихъ забезпокоятъ,
Ключъ лѣсной имъ будетъ отвѣчать.

Дѣти прибѣгутъ играть на взморье,
Море что и броситъ для дѣтей.
Имъ забава, намъ, сѣдымъ, подспорье,
Будетъ Старымъ въ мірѣ веселѣй.

Зашумѣло Море кругземное,
Притаились по лѣсамъ ручьи.
Помолчатъ—и разольются вдвое.
Парусъ забѣлѣлъ, бѣгутъ ладьи.

И живетъ Старикъ, легко Старушкѣ,
По ручьямъ проходятъ огоньки.
Свѣтятъ травки, малыя подружки,
Раковинки, камешки, пески.

ЦВѢТОКЪ.

Отчего цвѣтетъ цвѣтокъ,
Разгадать никто не могъ.
Но цвѣтокъ всегда цвѣтетъ,
День за днемъ, за годомъ годъ.

И за годомъ годъ, всегда,
Свѣтитъ вечеромъ Звѣзда.
И для насъ, вѣка вѣковъ,
Нѣтъ разгадки лепестковъ.

Но зачѣмъ разгадка мнѣ,
Если я молюсь Веснѣ,
Если я въ вечерній часъ
Радъ, что вотъ, Звѣзда зажглась.

Но зачѣмъ разгадка сновъ,
Если нѣженъ ликъ цвѣтовъ,
Если вводятъ насъ цвѣты
Въ вѣчный праздникъ Красоты.

БЫЛИНКИ.

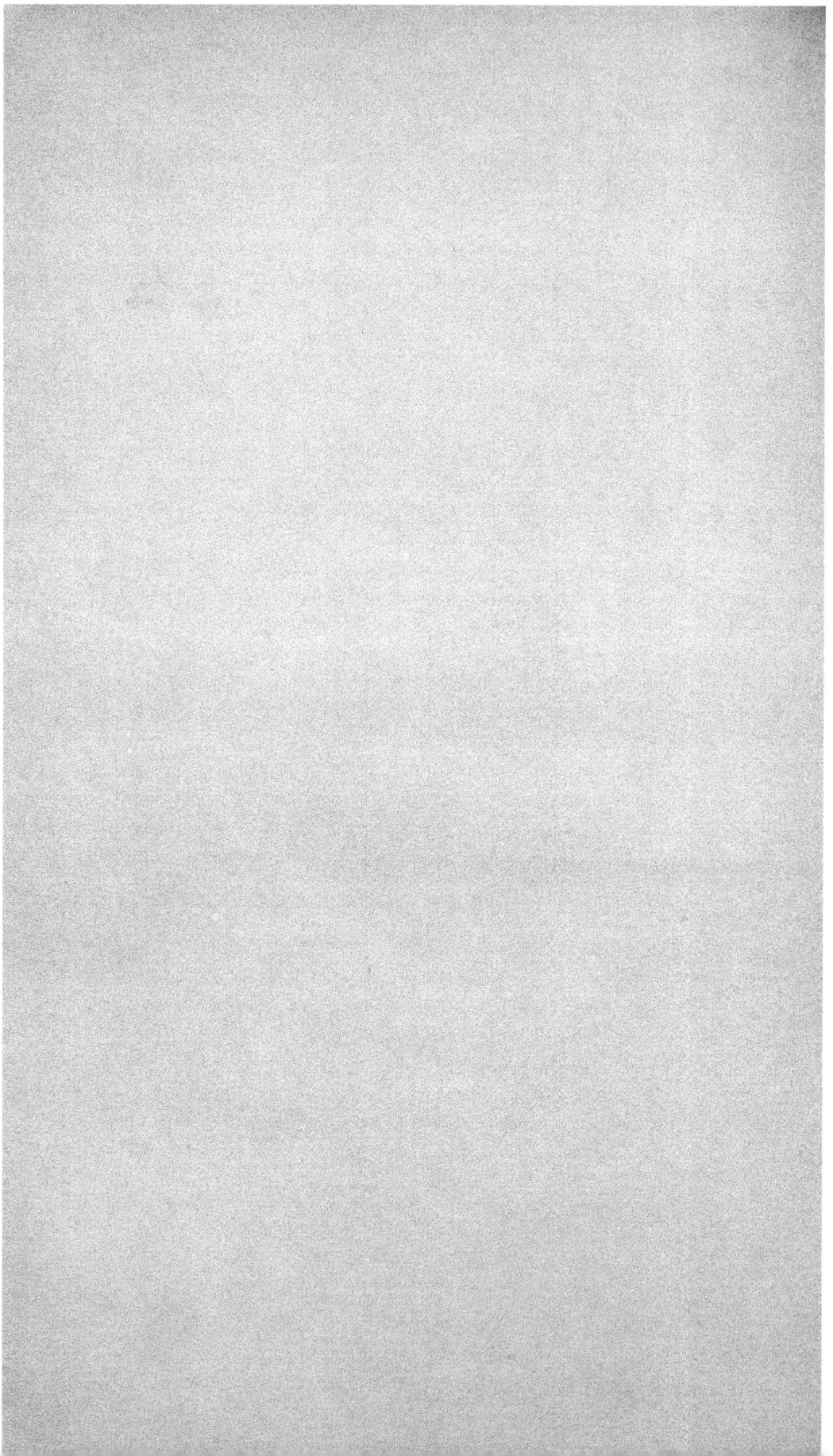

КАКЪ Я ПИШУ СТИХИ.

Рождается внезапная строка,
За ней встаетъ немедленно другая,
Мелькаетъ третья ей издалека,
Четвертая смѣется набѣгая.

И пятая, и послѣ, и потомъ,
Откуда, сколько, я и самъ не знаю,
Но я не размышляю надъ стихомъ,
И право никогда—не сочиняю.

ЛУЧШЕ.

Я не хотѣлъ бы стать грозой,
Въ ней слишкомъ-слишкомъ много грома.
Я бъ лучше сдѣлался росой.
Ей счастье тихое знакомо.

Я бъ лучше сдѣлался цвѣткомъ,
Какъ цвѣтъ расцвѣлъ бы самый милый.
Ему не нуженъ шумъ и громъ,
Чтобъ быть счастливымъ въ грезѣ алой.

ЗЕРНО.

Трудовыя мечты,
Золотое зерно.
Торжество Красоты,
Какъ мнѣ близко оно.

Какъ мнѣ радостенъ видъ
Лошаденки простой.
Въ глыбахъ пашни скользитъ
Солнца лучъ золотой.

Озимыя поля,
Созрѣваніе нивъ.
Молодая земля,
Ликъ твой вѣчно-красивъ.

Серпъ съ косою—мечи!—
И побѣдность сохи
Мнѣ поютъ какъ лучи,
Мнѣ горятъ какъ стихи.

Сынъ Земли я и Дня,
Неразрывно звено.
И въ душѣ у меня
Золотое зерно.

РОСИНКА.

Росинка дрожала
На тонкомъ листкѣ.
Рѣченка дышала,
Шурша въ тростникѣ.

Въ росинку гляжу я,
И вижу, что въ ней
Играетъ, ликуя,
Такъ много огней.

Зеленый, и синій,
И красный, горятъ,
И бѣлый, какъ иней,
И свѣтлый, какъ взглядъ.

Всѣ краски люблю я,
Плѣнительный видъ,
Нѣжнѣй поцѣлуя,
Росинка горитъ.

Дань мигъ ей лишь краткій,
Исчезнетъ потомъ.
Но листъ ей, украдкой,
Здѣсь выстроилъ домъ.

Ихъ еле замѣтишь,
Такъ малы они.
Но гдѣ же ты встрѣтишь
Такіе огни?

ЛѢСНЫЕ КОРАЛЛЫ.

Зеленыя мшинки
Росли на соснѣ.
Изумрудныя жили пушинки
Въ лѣсномъ зачарованномъ снѣ.
Сосны были огромны,
Многозвонно гудѣлъ этотъ боръ.
Но кораллы зеленые мшинокъ, мечтательно-скромны,
Не слыхали вершинный тотъ хоръ.
И не видѣли мшинки,
Какъ лѣсные цвѣты,
Затаивши рѣсники,
Раскрывали тревожно листы.
Ничего не хотѣли они, лишь рости и рости, умножая
Острова изъ коралловъ зеленыхъ на сѣрой смолистой корѣ,
Никому не мѣшая,
И свѣтясь подъ лучомъ, и трикратно свѣтясь на зарѣ.

КАПЛИ СМОЛЫ.

Липкія капли смолы
Съ этой сосны мы сберемъ.
Богу лѣсному хвалы
Голосомъ свѣтлымъ споемъ.

Яркій воздвигнемъ костеръ,
Много смолистыхъ вѣтвей.
Будетъ онъ радовать взоръ
Пляской змѣистыхъ огней.

Капли душистой смолы
Будутъ горѣть, какъ свѣча.
Богу лѣсному хвалы,
Радость огней горяча.

ГРОЗОВОЙ КОСТЕРЪ.

Въ небѣ духи жгли костеръ,
Грозовые исполины.
Раскаленные рубины
Освѣтили грани горъ.

Былъ раскидистымъ закатъ,
Захватилъ въ горахъ изломы.
Мигъ, и вотъ хохочутъ громы,
Набѣгающе гремятъ.

Весь надоблачный просторъ
Былъ—надъ царствомъ горъ взметенный,
Исполинами зажженный,
Торжествующій костеръ.

БЕРЕЗА.

Береза родная, со стволомъ серебристымъ,
О тебѣ я въ тропическихъ чащахъ скучалъ.
Я скучалъ о сирени въ цвѣту, и о немъ, соловьѣ голосистомъ,
Обо всемъ, что я въ дѣтствѣ съ мечтой обвѣнчалъ.
Я былъ тамъ далеко,
Въ многокрасочной пряности пышныхъ ликующихъ странъ.
Тамъ зловѣщая пума враждебно такъ щурила око,
И предъ быстрой грозой оглушалъ меня ревъ обезьянъ.
Но, тихонько качаясь,
На тяжеломъ, чужомъ, мексиканскомъ сѣдлѣ,
Я душою дремалъ, и воздушно во мнѣ расцвѣчаясь,
Возставали родимыя тѣни въ серебряной мглѣ.
О, весеннія грозы!
Дѣтство съ вѣткой сирени, въ вечерней тиши соловей,
Зыбь и шопотъ листвы этой милой плакучей березы,
Зачарованность сновъ—только разъ расцвѣтающихъ дней!

СМѢХЪ РЕБЕНКА.

Смѣхъ ребенка за стѣной,
    Близко отъ меня,
Вѣетъ свѣжею весной,
Говоритъ о власти дня.

Это сказка, это сонъ,
    Что изъ нѣжныхъ струй
Легкій стебель вознесенъ,
Воплощенный поцѣлуй.

Легкій стройный стебелекъ,
    Съ ласковымъ цвѣткомъ,
Завязь, въ мірѣ, новыхъ строкъ,
Птичка съ свѣтлымъ хохолкомъ.

Птичка съ свѣтлымъ голоскомъ,
    Пой мнѣ безъ конца,
Будь мнѣ сказкой, будь цвѣткомъ,
Будь улыбкою лица.

АНЮТИНЫ ГЛАЗКИ.

Анютины глазки,
Жасминъ, маргаритки,
Вы—буквы на свиткѣ
Поблекнувшей сказки.

Вы гдѣ-то дышали,
Кому-то свѣтили,
Безъ слезъ, безъ печали,
Вы жили, вы были.

И вотъ чрезъ мечтанья,
Воздушны и зыбки,
Вы шлете сіянья,
Дарите улыбки.

Вы шлете мнѣ ласки,
Въ безсмертномъ избыткѣ,
Жасминъ, маргаритки,
Анютины глазки.

БАБОЧКА.

Помню я, бабочка билась въ окно.
    Крылышки тонко стучали.
Тонко стекло, и прозрачно оно,
    Но отдѣляетъ отъ дали.

Въ Маѣ то было. Мнѣ было пять лѣтъ.
    Въ нашей усадьбѣ старинной.
Узницѣ воздухъ вернулъ я и свѣтъ,
    Выпустилъ въ садъ нашъ пустынный.

Если умру я, и спросятъ меня:—
    Въ чемъ твое доброе дѣло?—
Молвлю я: Мысль моя майскаго дня
    Бабочкѣ зла не хотѣла.

ЗОЛОТОЙ И СИНІЙ.

Солнечный подсолнечникъ, у тына выросъ ты.
Солнечные издали намъ видны всѣмъ цвѣты.
На поляхъ мы полемъ здѣсь нашъ красивый ленъ.
Къ голубому льну идетъ золотистый сонъ.

Съ Неба оба намъ даны на земныхъ поляхъ.
Ярки въ цвѣтъ, темны вы въ сочныхъ сѣменахъ.
Утренній подсолнечникъ, ты солнце на землѣ,
Синій ленъ, ты лунный ликъ, ты свѣтъ луны во мглѣ.

ПАУТИНКИ.

Отъ сосны до сосны паутинки зажглись,
    Протянулись, блеснули, качаются.
Вотъ потянутся вверхъ, вотъ ужъ зыблются внизъ,
    И осеннимъ лучомъ расцвѣчаются.

Какъ ни нѣженъ, дитя, дѣтскій твой поцѣлуй,
    Онъ порвалъ бы ихъ тонкимъ касаніемъ.
Лучъ осенній, свѣти, и блести, заколдуй
    Двѣ души паутиннымъ сіяніемъ.

ОНЪ СПРОСИЛЪ МЕНЯ.

Онъ спросилъ меня:—Ты вѣришь?—
Нерѣшительное слово!
Этимъ звукомъ не измѣришь
То, въ чемъ есть моя основа.

Да не выражу я блѣдно,
То, что ярко ощущаю.—
О, съ бездонностью, побѣдно,
Ослѣпительно—я знаю!

БЕЗСМЕРТНИКИ.

Безсмертники, внѣ жизни, я мальчикъ былъ совсѣмъ,
Когда я васъ увидѣлъ, и былъ предъ вами нѣмъ.
Но чувствовалъ я то же тогда, что и теперь:—
Вы тонкій знакъ оттуда, куда ведетъ насъ дверь.

Тяжелая, съ замками, вся расписная дверь,
Съ однимъ лишь словомъ въ скрипѣ, когда отворишь:—Вѣрь,—
Безсмертники, я знаю. Чего намъ медлить тутъ?
Мы жили здѣсь. Довольно. Насъ въ новый міръ зовутъ.

ВЕСЕЛАЯ ОСЕНЬ.

Щебетанье воробьевъ,
    Тонкій свистъ синицъ.
За громадой облаковъ
    Больше нѣтъ зарницъ.

Громы умерли на днѣ
    Голубыхъ небесъ.
Весь въ пурпуровомъ огнѣ
    Золотистый лѣсъ.

Вѣтеръ быстрый пробѣжалъ,
    Колыхнулъ парчу.
Цвѣтъ рябины алымъ сталъ,
    Пѣснь поетъ лучу.

Въ грезѣ красочной я длю
    Звонкую струну.
Осень, я тебя люблю,
    Такъ же, какъ Весну.

ОСЕННЯЯ РАДОСТЬ.

Радость можетъ ждать на каждомъ поворотѣ,
Не грусти. Не надо. Посмотри въ окно.
Осень, въ желтыхъ листьяхъ, въ нѣжной позолотѣ,
Медленно колдуетъ. Что намъ суждено?

Развѣ мы узнаемъ? Развѣ разгадаемъ?
Будемъ ждать, что чары улыбнутся намъ.
Пляска мертвыхъ листьевъ завершится Маемъ.
Лютики засвѣтятъ снова по лугамъ.

Даже и сегодня... Умъ предавъ заботѣ,
Шелъ я хмурый, скучный, по лѣсной глуши,
Вдругъ, на самой тропкѣ, да, на поворотѣ,
Красный цвѣтъ мелькнулъ мнѣ въ ласковой тиши.

Спѣлая рябина прямо предо мною,
Алая калина тутъ же рядомъ съ ней.
Мы нарвемъ вѣтвей ихъ на зиму съ тобою,
Предъ окномъ повѣсимъ комнатки твоей.

Прилетить снигирь, смѣшной и неуклюжій,
Раза два чирикнетъ, клюнетъ, да и прочь.
И мятель завоетъ, все затянетъ стужей,
Но зимой, предъ лампой, такъ уютна ночь.

И пока на всполье будутъ свисты вьюги,
Сонъ тебя овѣетъ грезой голубой.
„Милый, что я вижу! Лютики на лугѣ!
„Хороводы травокъ! Ахъ, и я съ тобой!"

ОСЕНЬ.

Поспѣваетъ брусника,
Стали дни холоднѣе.
И отъ птичьяго крика
Въ сердцѣ только грустнѣе.

Стаи птицъ улетаютъ,
Прочь, за синее Море.
Всѣ деревья блистаютъ
Въ разноцвѣтномъ уборѣ.

Солнце рѣже смѣется,
Нѣтъ въ цвѣтахъ благовонья.
Скоро Осень проснется,
И заплачетъ спросонья.

ОСЕННІЙ ВОЗДУХЪ.

Пахнетъ грибами, листомъ перепрѣлымъ,
Пахнетъ и чѣмъ-то другимъ,
Точно горѣлымъ.
Въ синей дали наползающій медленный дымъ.
Дымъ и ползетъ, и какъ будто бы ждетъ онъ чего-то,
Будто бы онъ говоритъ.
Вотъ я, идите же.
            Это горитъ
Торфяное болото.

ИЗМОРОЗЬ.

Журавли потянули.
Улетаютъ на Югъ.
Лѣсъ—въ немолкнущемъ гулѣ.
Вѣтры сильно дохнули.
Затуманился лугъ.
Утромъ изморозь млѣетъ,
На травѣ, на окнѣ.
Кто-то вѣетъ и рѣетъ,
Хочетъ власти—не смѣетъ,
Но отсрочка лишь въ днѣ.

БУСИНКИ.

Моросить. Какъ бы росинки
Возникаютъ на рукахъ,—
Эти чудо-бисеринки,
Этотъ нѣжный, влажный прахъ.
Эти бусинки свиданья
Чуть блеснутъ, и вотъ ихъ нѣтъ.
Лишь на краѣ одѣянья—
На минутку —свѣтлый слѣдъ.

КЪ ЗИМѢ.

Лѣсъ совсѣмъ ужь сталъ сквозистый,
    Рѣдки въ немъ листы.
Скоро будетъ снѣгъ пушистый
    Падать съ высоты.
Опушитъ намъ окна наши,
    Въ дѣтской и вездѣ.
Загорятся звѣзды краше,
    Ледъ прильнетъ къ водѣ.
На конькахъ начнемъ кататься
    Мы на звонкомъ льду.
Будетъ смѣхъ нашъ раздаваться,
    Въ паркѣ на пруду.
А въ затишьи комнатъ—прятки,
    Въ четь и нечетъ—счетъ.
А потомъ настанутъ Святки,
    Снова Новый Годъ.

СѢДОЙ ОДУВАНЧИКЪ.

Одуванчикъ, цѣлый міръ,
    Круглый какъ земля,
Ты зовешь меня на пиръ,
    Серебря поля.

Ты мнѣ ясно говоришь:
    Расцвѣтай съ Весной.
Будетъ нѣга, будетъ тишь,
    Будь въ весельи мной.

Посѣдѣешь, отцвѣтешь,
    Разлетишься весь.
Но тоска и страхи—ложь,
    Счастье вѣчно здѣсь.

Посѣдѣешь, но сѣдой
    Помни свой чередъ.
Будешь снова золотой,
    Утромъ, черезъ годъ.

ИЗМѢНЧИВОСТЬ.

Одуванчикъ желтымъ былъ,
     Сдѣлался сѣдымъ.
Жаръ огня меня слѣпилъ,
     Но надъ нимъ былъ дымъ.

Листья были изумрудъ,—
     Желто-красенъ лѣсъ.
Ну, такъ что жь, зови на судъ
     Произволъ Небесъ.

Все непрочно, молъ, вокругъ,
     Хрупки жемчуга.
Мнѣ же милъ мой вешній лугъ,
     Любы и снѣга.

И прекраснѣе всего
     Въ снѣ, чье имя—дымъ,
То, что каждый мигъ его
     Дѣлаетъ инымъ.

ЗИМА.

Поля затянуты недвижной пеленой,
　　Пушисто-бѣлыми снѣгами.
Какъ будто навсегда простился міръ съ Весной,
　　Съ ея цвѣтками и листками.

Окованъ звонкій ключъ. Онъ у Зимы въ плѣну.
　　Одна мятель поетъ, рыдая.
Но Солнце любитъ кругъ. Оно хранитъ Весну.
　　Опять вернется Молодая.

Она пока пошла бродить въ чужихъ краяхъ,
　　Чтобъ міръ извѣдалъ сновидѣнья.
Чтобъ видѣлъ онъ во снѣ, что онъ лежитъ въ снѣгахъ,
　　И вьюгу слушаетъ какъ пѣнье.

ОДУВАНЧИКЪ.

Въ безконечности стремленья безконечность достиженья,
Тотъ, кто любитъ утро Мая, долженъ вѣчно ждать Весны.
Въ каждомъ мигѣ быстролетномъ свѣтоносность есть внушенья,
Изъ песчинокъ создаются золотые сны.

Мигъ за мигомъ въ Небѣ вьются звѣздовидныя снѣжинки,
Съ вѣтромъ падаютъ на Землю, и лежатъ какъ бѣлый слой.
Но снѣжинки сонъ лелѣютъ, то—цвѣточныя пушинки,
Нѣжный свѣжій одуванчикъ съ влажною Весной.

СНѢЖИНКИ.

На дѣтскую руку упали снѣжинки,
На маломъ мизинчикѣ восемь ихъ было число.
Различную форму являли пушинки,
И всѣ такъ мерцали воздушно-свѣтло.
Вотъ крестики встали, вотъ звѣзды мелькнули,
Какъ мягокъ сквозистый ихъ свѣтъ.
Но дѣтскіе пальчики чуть шевельнули,—
И больше ихъ нѣтъ.

78

ФЕЙ.

Мнѣ дѣвочка сказала:
Ты мой Волшебный Фей.
О, нужно очень мало
Для полевыхъ стеблей.

Имъ дай лишь каплю влаги,
Имъ дай одинъ лишь лучъ,
И цвѣтъ расцвѣтшей саги
Въ безгласности пѣвучъ.

Свѣтлоголовкѣ малой
Я сказку разсказалъ.
Я былъ предъ тѣмъ усталый,
Предъ тѣмъ я духомъ палъ.

Изъ слезъ моихъ незримыхъ,
Изъ смѣха устъ моихъ,
Я слилъ—о серафимахъ
Прозрачно-свѣтлый стихъ.

И цвѣтъ раскрылся алый
Въ устахъ мечты моей,
И я не мракъ усталый,
А я Волшебный Фей.

ТОНЬШЕ.

Чѣмъ тоньше влажный прахъ, чѣмъ Влага безтѣлеснѣй,
Тѣмъ легче пѣнности слагаютъ кружева.
Чѣмъ ты въ своихъ мечтахъ свободнѣй и небеснѣй,
Тѣмъ обольстительнѣй, чудеснѣй
Твои слова.

РУСАЛКА.

Въ лазоревой водѣ, въ жемчужныхъ берегахъ,
    Плыла русалка въ блескѣ чудномъ.
Она глядѣла вдаль, скользила въ тростникахъ,
    Была въ нарядѣ изумрудномъ.

На берегахъ рѣки, изъ цѣльныхъ жемчуговъ,
    Не возникало травъ на склонахъ.
Но нѣжный изумрудъ былъ весь ея покровъ,
    И нѣженъ цвѣтъ очей зеленыхъ.

Надъ нею догоралъ оранжевый закатъ,
    Уже зажглась луна опаломъ.
Но устремляла вдаль она лучистый взглядъ,
    Плывя въ теченіи усталомъ.

Предъ ней звѣзда была межъ дымныхъ облаковъ,
    И вотъ она туда глядѣла.
И всѣ роскошества жемчужныхъ береговъ
    За ту звѣзду отдать хотѣла.

СВѢТЛЫЙ МІРЪ.

Тонкій, узкій, длинный ходъ
Въ глубь земли мечту ведетъ.
Только спустишься туда,
Встрѣтишь замки изо льда.

Чуть сойдешь отсюда внизъ,
Разноцвѣтности зажглись,
Смотритъ чей-то свѣтлый глазъ,
Лунный камень и алмазъ.

Тамъ опалъ снѣжитъ, а тутъ
Расцвѣтаетъ изумрудъ.
И услышишь въ замкахъ тѣхъ
Флейты, лютни, нѣжный смѣхъ.

И увидишь чьихъ то ногъ
Тамъ хрустальный башмачокъ.
Льды, колонны, свѣтъ, снѣга,
Нѣжность, снѣжность, жемчуга.

Тонкій, узкій, длинный ходъ
Въ этотъ свѣтлый міръ ведетъ.
Но, чтобъ знать туда пути,
Нужно бережно итти.

ОГЛАВЛЕНІЕ.